NEUE
KARTOFFEL-GERICHTE

Meister Verlag GmbH

ℐNHALT

NEUE KARTOFFEL-GERICHTE AUS ALLER WELT

Die Kartoffel ist eines der wertvollsten Grundnahrungsmittel – kein Wunder, daß man aus der Knolle weltweit auf unterschiedlichste Art köstliche Spezialitäten kreiert hat.

MITTEL- & SÜDAMERIKA

Aus der Heimat der Kartoffel stammen viele leckere Gerichte. Denn schließlich wird das »Gold der Inkas« seit rund 2000 Jahren in den Anden kultiviert. Die Ernte ist nach wie vor sehr mühsam: Im unzugänglichen Hochland – für Maschinen ein unerreichbares Terrain – müssen die braunen Knollen per Hand aus der Erde geholt werden. Knusprig gebraten, püriert und ausgebacken und mit scharfen Chilis gewürzt, sind die mittel- und südamerikanischen Kartoffelgerichte ein wahrer Hochgenuß.

AFRIKA & NAHER OSTEN

Die israelische Küche ist bekannt für eine ungewöhnliche Mischung aus traditioneller osteuropäischer und arabischer Küche. So verschmelzen auch bei den Kartoffelgerichten diese beiden Einflüsse zu einer unwiderstehlichen Kombination.

NORD-, MITTEL- & OSTEUROPA

Ursprünglich zierte die weiß blühende Kartoffelpflanze nur Gärten. Inzwischen lieben die Nord- und Mitteleuropäer ihre Kartoffel über alles. Friedrich dem Großen ist es zu verdanken, daß sie in Europa

ASIEN & FERNER OSTEN

»Gebraten, gebacken oder gefüllt« – das Motto der Kartoffelliebhaber aus Australien und den Vereinigten Staaten klingt verlockend. Meist krönen köstliche Saucen oder Gewürzmischungen die Gerichte aus den braunen Knollen.

MITTELMEERRAUM

Ob deftige Tortilla oder zarte Gnocchi – auch die Bewohner der Mittelmeerländer schätzen die Kartoffel als Zutat für leckere Beilagen und Hauptgerichte. Bei der Zubereitung sind der Phantasie keine Grenzen gesetzt: Knusprig gebraten oder gegrillt, mit typischen Kräutern, Knoblauch oder Zitrone gewürzt, verwöhnen die Kartoffelspezialitäten Augen und Gaumen gleichermaßen.

zum Hauptnahrungsmittel wurde. Entsprechend vielfältig sind die Zubereitungsarten: Rösti, Kroketten und Puffer, Salate, Klöße und Gratins – aus der Knolle zaubern die Köche immer neue Köstlichkeiten.

Im Fernen Osten stehen Kartoffeln auf dem Speiseplan nicht unbedingt an erster Stelle. Vor allem die indische Küche kombiniert die Knolle mit ungewöhnlichen Zutaten, wie etwa mit Curry oder Kokos.

ＥNGLISCHE PETERSILIENKARTOFFELN

GROSSBRITANNIEN

ZUTATEN
(Für 4 Portionen)

- 800 g festkochende Kartoffeln
- 1 großes Bund Petersilie (siehe Zutatentip)
- 1 Zwiebel
- 2 EL Butter
- 2 EL Mehl
- ⅛ l Gemüsebrühe
- ⅛ l Milch
- 250 g Schlagsahne
- Salz, schwarzer Pfeffer
- etwas Worcestersauce
- 1 Eigelb

ZUTATENTIP

Statt Petersilie – die glatt-blättrige ist übrigens aromatischer als die krause – können Sie ein halbes Bund Dill verwenden. Dill-Kartoffeln schmecken köstlich zu Brat- und Kochfisch.

Ob zu Fisch oder Brathähnchen – von diesen Kartoffelscheiben in cremiger Sahnesauce bleibt sicher nichts mehr übrig. Einige Spritzer Worcestersauce sorgen für eine pikante Note.

1 Die Kartoffeln schälen, waschen und in nicht zu dünne Scheiben schneiden. Salzwasser in einem Topf aufkochen und die Kartoffeln darin zugedeckt bei schwacher Hitze 5 Minuten köcheln lassen.

2 Inzwischen die Petersilie waschen, trockenschütteln und fein hacken. Die Zwiebel schälen und in Würfel schneiden. Die Butter in einem breiten Topf aufschäumen und die Zwiebelwürfel darin glasig werden lassen. Das Mehl dazustreuen und unter Rühren goldgelb anschwitzen. Die Brühe, die Milch und die Sahne unter ständigem Rühren dazugießen.

3 Die Kartoffeln in ein Sieb abgießen, abtropfen lassen und mit der Sahnesauce vermischen. Die Hälfte der Petersilie dazugeben und die Sauce mit Salz, Pfeffer und Worcestersauce pikant abschmecken.

4 Die Kartoffeln noch etwa 10 Minuten in der Sauce köcheln lassen, bis sie gar sind und die Sauce eingedickt ist. Zum Servieren das Eigelb in einer Tasse verquirlen und mit der restlichen Petersilie vorsichtig, aber gründlich unter die Kartoffeln rühren. Erneut abschmecken.

Schritt 1

Schritt 2

Schritt 4

Vorbereiten **10** Min. Garen **20** Min.
Pro Portion: 480 kcal/2000 kJ;
9 g EW; 30 g F; 41 g KH

TYPISCH ENGLISCH

Worcester- oder Worcestershiresauce ist die typische Würzsauce Englands. Seit mehr als 150 Jahren wird sie aus Essig, Melasse, Zucker, Sardellen, Tamarinde, Knoblauch, Schalotten und Gewürzen nach einem gut gehüteten Geheimrezept hergestellt. Ihren Geschmack entwickelt sie in einer dreijährigen Reifezeit.

KOCHTIP

Eine Béchamelsauce bildet die Grundlage dieses Kartoffelgerichtes. Für diese Sauce ist es wichtig, daß Sie das Mehl ausgiebig in der heißen Butter anschwitzen, ohne es braun werden zu lassen. Die Sauce muß mindestens 2, besser 10-15 Minuten kochen, damit der Mehlgeschmack vollkommen verschwindet.

SERVIERTIP

Servieren Sie die Kartoffeln als Beilage zu einem Stück Roastbeef, das innen schön rosa ist.

 Bieten Sie dazu einen Cabernet Sauvignon oder ein englisches Bitter-Bier an.

KARTOFFELPÜREE »COLCANNON«

IRLAND

ZUTATEN

(Für 4 Portionen)

- 800 g mehligkochende Kartoffeln
- 250 g junger Wirsing (siehe Zutatentip)
- 1 Bund Frühlingszwiebeln
- 60 g Butter
- ¼ l Milch
- Salz, schwarzer Pfeffer
- geriebene Muskatnuß

AUSSERDEM
- 2 EL gehackte Petersilie

ZUTATENTIP

Früh- und Sommerwirsing eignen sich für das Gericht am besten, denn beide sind zarter und geschmacklich milder als der im Winter geerntete Wirsing. Auch Weiß- oder Spitzkohl schmeckt gut – diese Sorten müssen Sie jedoch länger vorkochen, damit sie weich werden.

Cremiges Colcannon – die irische Version des beliebten Kartoffelpürees. Mit Wirsing und Frühlingszwiebeln deftig zubereitet, ist es genau das richtige für kalte Tage.

1 Die Kartoffeln waschen, schälen und grob zerteilen. Wenig Salzwasser in einem Topf aufkochen lassen und die Kartoffeln darin zugedeckt in etwa 20 Minuten gar kochen.

2 Den Kohl putzen und waschen. Den harten Mittelstrunk aus den Blättern herausschneiden und die Blätter in sehr feine Streifen schneiden. Zugedeckt in wenig Salzwasser etwa 5 Minuten kochen lassen. Abgießen und gut abtropfen lassen.

3 Die Frühlingszwiebeln waschen, putzen und in feine Ringe schneiden. Die Butter in einem Topf aufschäumen lassen und die Frühlingszwiebeln darin unter Rühren anschwitzen. Den Kohl dazugeben, kurz mitdünsten, mit Milch ablöschen und aufkochen lassen. Den Topf vom Herd ziehen.

4 Die Kartoffeln abgießen, gut ausdampfen lassen, in eine Schüssel füllen und mit einer Gabel zu Püree zerdrücken. Die Kohlmischung unter das Püree rühren und alles mit Salz, Pfeffer und Muskatnuß abschmecken. Zum Servieren das Püree mit der gehackten Petersilie bestreuen.

Schritt 2

Schritt 3

Schritt 4

Zubereiten 40 Min.
Pro Portion: 310 kcal/1300 kJ; 8 g EW; 15 g F; 32 g KH

TYPISCH IRISCH

Die Kartoffel, das Grundnahrungsmittel der Iren, war dem Inselvolk Segen und Verhängnis zugleich: Trotz vieler Kartoffelmißernten und darauffolgender Hungersnöte hat sich jedoch an der Vorliebe der Insulaner für die braune Knolle bis heute nichts geändert.

KOCHTIP

Wenn Sie den Kohl ganz besonders knackig mögen,
verzichten Sie einfach auf das Vorkochen. Dünsten Sie
ihn lediglich zusammen mit den Frühlingszwiebeln in
der Butter an. Vor allem bei jungem Wirsing, der noch
zart und weich ist, bietet sich diese Methode an.

SERVIERTIP

Gebratener Speck, aufgerollt und auf
Zahnstocher gesteckt, und deftige
Räucherwurst sind dazu beliebt.

 Ein Glas Bier, etwa das berühmte irische Guinness,
paßt gut zu dem deftigen Nationalgericht.

9

KARTOFFELSALAT MIT LACHS

SCHWEDEN

Kartoffeln, Lachs und Zuckerschoten sind eine unwiderstehliche Kombination. Eine leichte, sahnige Mayonnaise mit Dill rundet den edlen Salat auf köstliche Weise ab.

ZUTATEN
(Für 4 Portionen)

- 600 g festkochende Kartoffeln
- 100 g Zuckerschoten
- 100 g Graved Lachs (siehe Zutatentip)

FÜR DIE MAYONNAISE
- 1 Eigelb
- 1 EL Zitronensaft
- ⅛ l Öl
- 1 Bund Dill
- 125 g saure Sahne
- ½ TL Zucker
- Salz, weißer Pfeffer

AUSSERDEM
- Dill zum Garnieren

ZUTATENTIP
»Graved Lachs« wird mehrere Tage roh eingelegt. Er erhält dadurch ein feines Aroma und wird butterzart. Wer es deftiger mag, kann statt dessen Räucherlachs nehmen.

1 Die Kartoffeln waschen, abbürsten und zugedeckt in wenig Salzwasser in etwa 20 Minuten gar kochen.

2 Die Zuckerschoten waschen, putzen, die Enden abschneiden und eventuell die Fäden abziehen. Zugedeckt in wenig Salzwasser in etwa 5 Minuten bißfest dünsten. Die Schoten in ein Sieb abgießen und kalt abschrecken.

Schritt 2

3 Für die Mayonnaise das Eigelb mit dem Zitronensaft in einer hohen Schüssel verrühren. Das Öl erst tropfenweise, dann in dünnem Strahl mit den Schneebesen des Handrührgerätes unterschlagen. Den Dill waschen, trockenschütteln und hacken. Den Dill, die saure Sahne und den Zucker unter die Mayonnaise rühren. Die Mayonnaise mit Salz und Pfeffer abschmecken.

Schritt 3

4 Die Kartoffeln abgießen, etwas abkühlen lassen, pellen und in Scheiben schneiden. Den Lachs in breite Streifen schneiden.

5 Kartoffeln, Zuckerschoten und Lachs zusammen auf Tellern anrichten. Die Mayonnaise darüber träufeln. Mit Dill garnieren und etwas Pfeffer darüber mahlen.

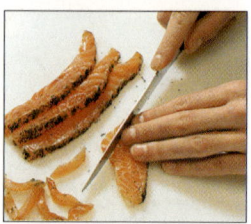
Schritt 4

Zubereiten **45** Min.
Pro Portion: 500 kcal/2100 kJ;
11 g EW; 38 g F; 26 g KH

TYPISCH SCHWEDISCH
Ursprünglich für Notzeiten konserviert, ist der Graved Lachs, der »eingegrabene Lachs«, inzwischen eine weltberühmte schwedische Spezialität. War der Fang gut, vergruben die Fischer die gesalzenen Lachse in Fässern tief in der Erde. In schlechten Zeiten holten sie den Vorrat dann wieder hervor.

KOCHTIP

Die Mayonnaise gelingt nur, wenn alle Zutaten die gleiche (Zimmer-) Temperatur haben. Wichtig: Immer nur kleine Portionen Öl hinzufügen und unterrühren, bis es sich gleichmäßig mit dem Eigelb verbunden hat. Dann erst weiteres Öl dazugeben.

SERVIERTIP

Als Dessert schmeckt ein Apfel-auflauf mit Zwieback und Mandeln. Vanillesauce harmoniert gut damit.

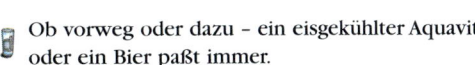

Ob vorweg oder dazu – ein eisgekühlter Aquavit oder ein Bier paßt immer.

SERVIERTIP Dunkles Roggen-Knäckebrot und Butter schmecken herrlich zu den Häppchen.

Am besten paßt dänisches Bier und ein eisgekühlter, klarer Schnaps – das weckt die Lebensgeister.

ℬUNTE DÄNISCHE KARTOFFELHÄPPCHEN

DÄNEMARK

ZUTATEN
(Für 4 Portionen)

- 6 längliche festkochende Kartoffeln
- 1 Bund Dill
- 75 g Crème fraîche
- 2 EL Mayonnaise
- Salz, weißer Pfeffer
- 1-2 TL Zitronensaft
- 50 g Räucherlachs
- je 60 g geräuchertes Herings- und Makrelenfilet
- 2 EL Forellenkaviar (siehe Zutatentip)

AUSSERDEM
- Salatblätter zum Anrichten
- Zitronenspalten und Dill

ZUTATENTIP

Gelber oder roter Forellen-kaviar sind ein preiswerter, dekorativer Ersatz für echten Störkaviar. Sie können genau-sogut Lachskaviar verwenden, der ebenfalls eine schöne leuchtend-orange Farbe hat.

Smørrebrød, die üppig belegten Butterbrote, einmal ganz anders: Statt Brot sind Kartoffelscheiben die Unterlage für Fischstückchen oder köstliche Dillcreme.

1 Die Kartoffeln unter kaltem Wasser gründlich waschen. In einem Topf wenig Wasser zum Kochen bringen, die Kartoffeln hineingeben und zugedeckt in knapp 20 Minuten gerade eben gar kochen. Die Kartoffeln abgießen, etwas abkühlen lassen, pellen und in 1½-2 cm dicke Scheiben schneiden, die Endstücke dabei entfernen.

Schritt 1

2 Den Dill waschen, trockenschütteln und hacken. Die Crème fraîche mit der Mayonnaise und dem Dill gut verrühren. Die Creme herzhaft mit Salz, Pfeffer und dem Zitronensaft würzen.

3 Den Räucherlachs, das Herings- und das Makrelenfilet in gleichmäßige, mundge-rechte Stücke schneiden.

Schritt 3

4 Die Salatblätter zum Garnieren waschen, trockenschleudern und auf einer großen Servierplatte auslegen.

5 Die Kartoffelscheiben dekorativ mit den Fischstücken und der Dillcreme belegen. Die Scheiben vorsichtig auf die vorbereitete Servierplatte setzen. Alles mit Zitronen-spalten, Forellenkaviar und Dill garnieren.

Schritt 5

Kochen **20** Min. Zubereiten **30** Min.
Pro Portion: 400 kcal/1700 kJ;
16 g EW; 20 g F; 39 g KH

TYPISCH BORNHOLM

Bornholm gilt als Heimat des geräucherten Herings. Im Sommer läuft der Betrieb in den Räuchereien auf Hochtouren, und wenn die Heringe über glimmenden Erlenspänen gold-gelb geräuchert werden, steigen aus vielen Schornsteinen der Insel Rauchschwaden auf.

Nord-, Mittel- & Osteuropa **13**

KARTOFFELPUFFER MIT APFELKOMPOTT

DEUTSCHLAND

ZUTATEN
(Für 4 Portionen)

FÜR DAS APFELKOMPOTT
- 600 g Äpfel
- 3 EL Zitronensaft
- 1 Zimtstange
- 200 ml trockener Weiß-
  wein, Apfelwein oder -saft
- 2 EL Zucker

FÜR DIE PUFFER
- 800 g mehligkochende
  Kartoffeln
- 1 Zwiebel
- 75 g saure Sahne
- 60 g Semmelbrösel
- 3 Eier
- Salz, schwarzer Pfeffer

AUSSERDEM
- reichlich Öl zum Braten

ZUTATENTIP

Mit säuerlichen Äpfeln, wie
Boskoop oder Cox Orange,
schmeckt das Kompott am
besten. Eine mitgegarte Nel-
ke gibt ein feines Aroma.

Frisch aus der Pfanne, außen goldgelb-knusprig und innen
schön saftig, schmecken die herzhaften Kartoffelpuffer mit dem
fruchtig-säuerlichen Apfelkompott am besten.

1 Für das Apfelkompott die Äpfel vierteln,
schälen, entkernen und in Spalten schneiden. Sofort zusammen mit dem Zitronensaft,
der Zimtstange, mit Wein oder Apfelsaft und
dem Zucker in einen Topf geben. Die Äpfel
zugedeckt 10 Minuten dünsten, bis sie zerfallen, dann abkühlen lassen.

2 Die Kartoffeln schälen, waschen und auf
einer Haushaltsreibe oder mit einer
Küchenmaschine nach Belieben fein raspeln.

3 Die Kartoffeln mit den Händen oder mit
einem sauberen Küchentuch gründlich
ausdrücken und in eine Schüssel geben.

4 Die Zwiebel schälen und in sehr feine
Würfel schneiden. Zusammen mit der
sauren Sahne, den Semmelbröseln, den
Eiern, 1-2 TL Salz und etwas Pfeffer zu den
Kartoffeln geben.

5 Nach und nach Öl in 2 Pfannen erhitzen.
Für jeden Puffer etwa 2 EL Kartoffelteig
hineingeben und flachdrücken. Die Puffer
braten, bis die Ränder goldbraun werden,
dann wenden und auch von der anderen
Seite braten. Zusammen mit dem Apfelkompott servieren.

Schritt 1

Schritt 2

Schritt 5

Zubereiten **50** Min.
Pro Portion: 570 kcal/2400 kJ;
12 g EW; 23 g F; 72 g KH

TYPISCH RHEINLÄNDISCH

Reiberdatschi, Dätscher oder Rievekooche –
Kartoffelpuffer gehören seit jeher in vielen
Regionen Deutschlands zu den beliebten
Alltagsspeisen. Vor allem die Rheinländer
essen sie oft und bei jeder Gelegenheit. Die
kleinen Kartoffelpfannkuchen fehlen auf keinem rheinischen Jahrmarkt.

KOCHTIP

Sollten sich die Blätter nicht gut vom Kopf ablösen lassen, legen Sie den ganzen Kohl einige Minuten in kochendes Wasser, bevor die Blätter einzeln in Wasser vorgegart werden (eventuell Vorgang noch einmal wiederholen). Kleinere Kohlblätter leicht überlappend zusammenlegen.

SERVIERTIP

Servieren Sie die Kartoffelröllchen als Beilage zu gebratenen Würstchen oder geschmorten Gänsekeulen.

Zum Abschluß des deftigen Essens ein Gläschen Wodka trinken – das ist in Polen Brauch.

SERVIERTIP Die Kasnudeln durch einen frischen grünen Salat mit Senfmarinade ergänzen.

 Zu dem kräftigen Essen ein kühles, frisches Bier oder einen trockenen Weißwein reichen.

KÄRNTNER KASNUDELN

ÖSTERREICH

Eine würzige Füllung aus gekochten Kartoffeln, Quark und frischen Kräutern steckt in den zarten Nudelteigtaschen. Knusprig ausgebratener Speck krönt diese Kärntner Spezialität.

ZUTATEN
(Für 4 Portionen)

- 300 g Mehl
- 3 kleine Eier
- Salz, schwarzer Pfeffer
- 3 kleine mehligkochende Kartoffeln (etwa 140 g)
- 2 EL saure Sahne
- 250 g Magerquark
- 3 EL gehackte Kräuter (z. B. Kerbel, Petersilie, Schnittlauch, Minze)
- geriebene Muskatnuß

AUSSERDEM

- Mehl zum Ausrollen
- 1 Eiweiß
- 125 g Räucherspeck
- 3 EL Butter

ZUTATENTIP

Mit feinem hellen Weizenmehl gelingen die Nudeln am leichtesten. Falls Sie Vollkornmehl verwenden möchten, müssen Sie etwas mehr Wasser unter den Teig kneten.

1 Aus Mehl, Eiern, ½ TL Salz und 4-5 EL Wasser einen geschmeidigen Teig kneten. Zu einer Kugel formen und unter einem feuchten Tuch 30 Minuten ruhen lassen.

2 Inzwischen die Kartoffeln waschen und in wenig Wasser in etwa 15 Minuten gar kochen. Abgießen, pellen und in einer Schüssel mit einer Gabel gut zerdrücken. Saure Sahne, Quark und Kräuter dazugeben. Gut vermischen und mit Salz, Pfeffer und Muskat herzhaft abschmecken.

3 Den Nudelteig auf leicht bemehlter Fläche oder mit einer Nudelmaschine etwa 2 mm dick ausrollen. Mit einem Glas 8 cm große Kreise aus dem Teig stechen.

4 Die Ränder der Teigkreise mit verquirltem Eiweiß bestreichen und jeweils 1 TL der Füllung in die Mitte geben. Zu Halbkreisen zusammenlegen und die Ränder festdrücken. In reichlich kochendem Salzwasser in etwa 10 Minuten garen.

5 Den Speck würfeln, mit der Butter in eine Pfanne geben und knusprig ausbraten. Die Nudeln abtropfen lassen und mit dem heißen Speck servieren.

Schritt 2

Schritt 4

Schritt 5

Vorbereiten **30 Min**
Zubereiten **40 Min.**
Pro Portion: 690 kcal/2900 kJ;
23 g EW; 35 g F; 74 g KH

TYPISCH KÄRNTEN

Kärnten, das südlichste Bundesland Österreichs, ist berühmt für seine Nudeltaschen. Beliebte Zutat für die Füllungen ist Topfen, so nennen die Österreicher Quark. Die Milch dafür stammt von Kühen, die auf den saftigen Almen der Hohen Tauern grasen.

$\mathcal{B}$ERNER RÖSTI

SCHWEIZ

ZUTATEN
(Für 4 Portionen)

- 750 g etwa gleich große festkochende Kartoffeln
- Salz, weißer Pfeffer
- 75 g durchwachsener Speck
- 75 g Butterschmalz

ZUTATENTIP

• Wer es noch saftiger mag, der kann die Hälfte der Kartoffeln durch die gleiche Menge Sauerkraut ersetzen.
• Für eine vegetarische Variante anstatt des Specks eine große rohe Zwiebel entweder fein hacken oder auf der Reibe raffeln und unter den Kartoffelteig mischen.

Knusprig von außen und saftig von innen: Das herzhafte Berner Rösti ist die klassische Beilage der Schweizer. Zubereitet mit durchwachsenem Speck wird sie zu einem Hauptgericht.

1 Die Kartoffeln waschen, in einem Topf mit kaltem Wasser bedecken, salzen und bei geschlossenem Deckel aufkochen lassen. Temperatur reduzieren, Kartoffeln fast gar kochen, abgießen und auskühlen lassen.

2 Die Kartoffeln pellen und auf einer groben Reibe raspeln. Die Kartoffelmasse salzen und pfeffern. Den Speck von der Schwarte befreien und fein würfeln.

Schritt 2

3 Die Hälfte des Schmalzes in der Pfanne erhitzen und den Speck darin auslassen. Die Kartoffelraspel über den Speck verteilen.

4 Die Kartoffelmasse mit einem Spatel zu einem gleichmäßigen flachen Kuchen formen. Das restliche Butterschmalz in die Pfanne geben und das Rösti bei reduzierter Hitze braten, bis die Unterseite eine goldgelbe Farbe angenommen hat.

Schritt 4

5 Das Rösti vom Rand lösen und auf einen Teller gleiten lassen. Mit Hilfe eines zweiten Tellers wenden, in die Pfanne zurückgleiten lassen und die andere Seite ebenfalls goldgelb braten. Das Rösti auf eine Platte stürzen und sofort servieren.

Schritt 5

Vorbereiten 30 Min. Garen 40 Min.
Pro Portion: 470 kcal/1980 kJ;
5 g EW; 34 g F; 36 g KH

TYPISCH SCHWEIZERISCH

In der Schweiz verschmelzen die italienische und französische, die österreichische sowie die deutsche Küche zu einer reichen Vielfalt. Bodenständige Produkte wie herzhafter Käse und die Zwiebeln vom berühmten Berner Zwiebelmarkt geben ihr eine rustikale Note.

KOCHTIP

• Rösti können Sie gut aus Kartoffeln zubereiten, die Sie am Vortag gekocht haben, denn gut ausgekühlt lassen sie sich am besten verarbeiten. So finden auch Reste von Pellkartoffeln Verwendung.

• Das Berner Rösti gelingt am besten in einer schweren, gußeisernen Pfanne.

SERVIERTIP

Erfrischend dazu ist ein grüner Salat. Als Beilage passen Rösti zu Zürcher Geschnetzeltem oder Kurzgebratenem.

Reichen Sie dazu einen gut gekühlten Weißwein, wie Müller-Thurgau oder Ruländer.

KARTOFFELN MIT SOUFFLÉ-FÜLLUNG

FRANKREICH

Ein Meisterwerk der französischen Kochkunst: luftig-zartes Kartoffelsoufflé in großen, ausgehöhlten Kartoffeln. Das Gericht schmeckt köstlich und ist ganz leicht nachzukochen.

ZUTATEN
(Für 4 Portionen)

- 4 große festkochende Kartoffeln (etwa 1 kg; siehe Zutatentip)
- 2 EL Butter
- 2 Eier, 1 Eiweiß
- Salz, schwarzer Pfeffer
- 1 TL getrocknete Kräuter der Provence

AUSSERDEM
- Olivenöl für die Form
- Kräuter zum Garnieren

ZUTATENTIP

Nehmen Sie für dieses Gericht gleich große und gleichmäßig geformte Kartoffeln – so werden alle Erdäpfel ungefähr zur gleichen Zeit gar. Übrigens: Je frischer die Kartoffeln, desto reicher an Nährstoffen und Vitaminen sind sie.

1 Den Backofen auf 200 °C vorheizen. Kartoffeln waschen und abbürsten. Mit einem Zahnstocher mehrmals einstechen. Eine Gratinform mit Öl ausstreichen, die Kartoffeln hineinsetzen und im Ofen (Gas 3; Umluft 180 °C) etwa 1 Stunde garen.

2 Die Kartoffeln aus dem Ofen nehmen und etwas abkühlen lassen. Von jeder Knolle oben einen schmalen Deckel abschneiden. Dann vorsichtig mit einem Teelöffel aushöhlen, die Wände und den Boden dabei aber nicht verletzen.

3 Das ausgelöste Kartoffelfleisch in eine Schüssel geben und mit einer Gabel zerdrücken. Die Eier trennen. Die Butter und die Eigelbe unter das Kartoffelfleisch rühren, mit Salz, Pfeffer und Kräutern abschmecken.

4 Alle Eiweiße mit den Schneebesen des Handrührgerätes steif schlagen. Den Eischnee locker unter das Püree heben, dieses in die Kartoffeln füllen. Etwas andrücken.

5 Die Kartoffeln wieder in die Gratinform setzen. Im Ofen in etwa 30 Minuten goldbraun backen. Mit Kräutern garnieren und sofort servieren.

Schritt 2

Schritt 2

Schritt 4

Backen 1⅓ Std.
Zubereiten **30** Min.
Pro Portion: 310 kcal/1300 kJ;
8 g EW; 15 g F; 39 g KH

TYPISCH PROVENZALISCH

Seit Römerzeiten wachsen auf den trockenen, verkarsteten Böden der südfranzösischen Region die weltberühmten »Kräuter der Provence«. Eines von ihnen ist Lavendel: Seine leuchtenden, blauvioletten Blüten werden geerntet, bevor sie sich öffnen. Sie duften intensiv und angenehm würzig-herb.

KOCHTIP

Der Garzustand der Kartoffeln läßt sich am einfachsten mit einem dünnen Holzspieß oder Zahnstocher testen. Die Knollen müssen zum Aushöhlen gut weich sein. Beim Aushöhlen der Kartoffeln ist Vorsicht geboten: Wände und Boden sollten nicht beschädigt werden, da die Füllung sonst auslaufen kann.

SERVIERTIP

Servieren Sie die Soufflékartoffeln zusammen mit einem Salade Niçoise als kleines Abendessen.

 Dazu einen Côtes de Provence rosé oder einen anderen leichten Roséwein anbieten.

KARTOFFELGRATIN MIT SCHINKEN

FRANKREICH

Gratins gehören zu den Klassikern der französischen Küche. Würzige Zutaten und eine goldgelbe Kruste aus Eiern, Milch und Käse machen die Kartoffeln zu einem zünftigen Essen.

ZUTATEN
(Für 4 Portionen)

- 1 kg festkochende Kartoffeln
- 1 Zwiebel
- 150 g Gruyère
- 100 g roher Schinken
- ¼ l Milch
- 2 Eier
- Salz, schwarzer Pfeffer
- edelsüßes Paprikapulver
- 3 EL gehackte Petersilie
- 40 g Hartkäse (z. B. Sbrinz oder Parmesan)

AUSSERDEM
- Butter für die Form

ZUTATENTIP

- Statt Gruyère können Sie natürlich auch Greyerzer aus der Schweiz oder einen anderen Hartkäse verwenden, beispielsweise Schweizer oder Allgäuer Emmentaler.
- Auch mit feinem Bündnerfleisch schmeckt das Gratin.

1 Die Kartoffeln waschen und abbürsten. Zugedeckt in wenig Salzwasser in etwa 20 Minuten knapp gar kochen.

2 Inzwischen eine mittelgroße Auflaufform mit Butter ausfetten. Die Zwiebel schälen, fein würfeln und in die Form streuen. Den Gruyère auf einer Reibe grob raspeln. Den Schinken fein würfeln.

Schritt 3

3 Den Ofen auf 200 °C vorheizen. Die Kartoffeln abgießen, etwas abkühlen lassen und pellen. Anschließend in etwa 1 cm dicke Scheiben schneiden.

4 Kartoffeln, Schinken und Gruyère nacheinander in zwei Lagen in die Form schichten. Als oberste Schicht Kartoffelscheiben dachziegelförmig daraufflegen.

Schritt 4

5 Milch mit Eiern, Salz, Pfeffer, Paprikapulver und Petersilie verquirlen. Die Mischung über die Kartoffeln gießen. Sbrinz oder Parmesan reiben und darüberstreuen.

6 Das Gratin im Ofen (Gas 3; Umluft 180 °C) auf der unteren Schiene in etwa 45 Minuten goldbraun und knusprig backen. Direkt aus dem Ofen servieren.

Schritt 5

Vorbereiten 45 Min. Backen 45 Min.
Pro Portion: etwa 480 kcal/2010 kJ; 30 g EW; 25 g F; 34 g KH

TYPISCH DAUPHINÉ

Dieses Kartoffelgratin mit Schinken ist eine raffinierte Abwandlung des »Gratin dauphinois«. Es stammt aus der Dauphiné, dem hochalpinen Gebiet zwischen Rhônetal und italienischer Grenze. Die Bewohner der Region lieben deftige Kartoffel-Spezialitäten aus dem Ofen oder der Pfanne.

KOCHTIP

• Achten Sie darauf, die Kartoffeln nicht zu weich zu kochen, da sie im Ofen nochmals 45 Minuten mitgegart werden.

• Als Variante können Sie die Milch durch Sahne ersetzen. Das Gratin schmeckt so noch feiner, wird jedoch auch üppiger und reicht für 5 Personen.

SERVIERTIP

Dazu paßt ein Tomatensalat mit einer Vinaigrette aus Aceto balsamico oder Rotweinessig und Olivenöl.

Zu diesem Gratin paßt ein leichter französischer Rotwein, zum Beispiel ein Beaujolais.

KARTOFFELKNÖDEL 3 x ANDERS

Süße und herzhafte Füllungen lassen einen einfachen Knödelteig aus gekochten Kartoffeln zu Hochform auflaufen.

MARILLENKNÖDEL

Zubereiten **1** Std. Ruhen **2** Std. Garen **15** Min.

ÖSTERREICH

(FÜR 4 PORTIONEN)
FÜR DEN KNÖDELTEIG

- 1 kg mehligkochende Kartoffeln
- Salz
- 1 Ei
- 125 g Mehl
- etwas Zitronenschale

FÜR DIE FÜLLUNG

- 15 kleine Aprikosen
- 15 Stück Würfelzucker
- 100 g Butter
- 80 g Semmelbrösel
- 1-2 EL Zucker

1 Die Kartoffeln ungeschält in Salzwasser garen, abgießen, pellen, heiß durch die Kartoffel-presse drücken und 2 Stunden auskühlen lassen. Mit Ei, Mehl und Zitronenschale verkneten.

2 Die Aprikosen waschen, entsteinen und je ein Stück Zucker in die Mitte geben.

3 Mit nassen Händen 15 Knödel formen, dabei je eine Aprikose in die Mitte geben. In kochendes Salzwasser legen und in 15 Minuten gar ziehen, jedoch nicht kochen lassen.

4 Die Butter zerlassen und die Semmelbrösel darin goldbraun rösten. Die Knödel abtropfen lassen, in Semmelbröseln wenden und mit Zucker bestreuen.

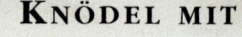

KNÖDEL MIT

Zubereiten **1** Std. Ruhen **2** Std.

DÄNEMARK

(FÜR 4 PORTIONEN)
FÜR DEN KNÖDELTEIG

- 1 kg mehligkochende Kartoffeln
- 1 Ei
- 125 g Mehl
- Salz, schwarzer Pfeffer
- geriebene Muskatnuß

FÜR DIE FÜLLUNG

- 1 kleine Zwiebel
- 80 g Champignons
- 60 g Räucherspeck
- 1 TL Butter
- 1 EL gehackte Petersilie

1 Kartoffeln ungeschält in Salzwasser garen, pellen, heiß durch die Kartoffel-

KÄSE-SPINAT-KNÖDEL

Zubereiten **1** Std. Ruhen **2** Std. Garen **20** Min.

(FÜR 4 PORTIONEN)
FÜR DEN KNÖDELTEIG

- 1 kg mehligkochende Kartoffeln
- 1 Ei
- 125 g Mehl
- Salz, schwarzer Pfeffer
- geriebene Muskatnuß

FÜR DIE FÜLLUNG

- 100 g Räucherspeck
- 1 Zwiebel
- 80 g Blattspinat
- 100 g Emmentaler

1 Kartoffeln ungeschält in Salzwasser garen, abgießen, pellen, noch heiß durch die Kartoffelpresse drücken und gut auskühlen lassen. Mit Ei und Mehl verkneten. Mit Salz, Pfeffer und Muskat würzen.

2 Speck klein würfeln, Zwiebel schälen und würfeln. Spinat waschen, trockenschütteln und fein hacken. Speck knusprig ausbraten, Zwiebel dazugeben und glasig werden lassen. Spinat 3 Minuten mitgaren. Mischung unter den Teig kneten. Den Käse fein würfeln.

3 Aus dem Teig mit nassen Händen 8-10 Knödel formen, dabei je etwas Käse in die Mitte geben. In kochendes Salzwasser legen und in 20 Minuten gar ziehen, jedoch nicht kochen lassen.

PILZFÜLLUNG

Garen **25** Min.

presse drücken und gut auskühlen lassen. Mit Ei und Mehl verkneten und würzen.

2 Zwiebel schälen, Pilze putzen. Zwiebel, Pilze und Speck fein würfeln. Butter erhitzen, Speck knusprig ausbraten und die Zwiebel glasig werden lassen. Pilze 5 Minuten mitbraten. Mit Salz, Pfeffer und Petersilie kräftig würzen.

3 Aus dem Teig mit nassen Händen 8-10 Knödel formen, dabei je etwas Pilzmasse in die Mitte geben. In kochendes Salzwasser legen und in 25 Minuten gar ziehen, jedoch nicht kochen lassen.

KARTOFFELN »PATATAS BRAVAS«

SPANIEN

*Einfach und sensationell gut: Knusprig gebratene Kartoffel-
stückchen als Snack zu Bier und Wein. Aioli, eine dicke
Knoblauchmayonnaise zum Dippen, gehört unbedingt dazu.*

1 Die Kartoffeln waschen und gut abbürsten. In wenig Wasser zugedeckt in
15 Minuten knapp gar kochen.

2 Für die Mayonnaise die Eigelbe in eine
Rührschüssel geben und mit Salz, Pfeffer
und Zitronensaft verrühren. Das Olivenöl
zuerst tropfenweise, dann in einem dünnen
Strahl mit dem Schneebesen unter die
Eigelbe rühren, bis eine dicke Mayonnaise
entstanden ist.

Schritt 2

3 Die Knoblauchzehen schälen, mit etwas
Salz bestreuen und zerdrücken. Den
Knoblauch unter die Mayonnaise rühren,
abschmecken. Gut durchziehen lassen.

Schritt 4

4 Die Kartoffeln abgießen, etwas abkühlen
lassen, pellen und in 2-3 cm große
Würfel schneiden. Reichlich Olivenöl in
einer Pfanne erhitzen. Die Kartoffelstücke
portionsweise hineingeben und rundherum
goldbraun und knusprig ausbacken.

5 Die Kartoffeln mit einer Schaumkelle aus
dem Öl heben, auf Küchenpapier abtropfen lassen, in Schälchen verteilen und
mit Salz und Pfeffer bestreuen. Die
Mayonnaise getrennt dazu reichen.

Schritt 5

Garen **15 Min.** Zubereiten **45 Min.**
Pro Portion: 690 kcal/1980 kJ;
12 g EW; 9 g F; 27 g KH

TYPISCH SPANISCH

Knusprige Kartoffeln gehören in Spanien zu
den »Tapas«. Die kleinen Häppchen reicht
man in jeder Bar ebenso wie zu Hause als
Appetitanreger. Tapa heißt eigentlich »Deckel«:
Früher deckten die Wirte gefüllte Sherry-
Gläser mit Brot, Käse, Wurst oder Schinken ab,
um das Aroma des Getränks zu schützen.

KOCHTIP

• Kroketten gleicher Größe erhalten Sie, wenn Sie den Teig zu einer etwa 2 cm dicken Rolle formen und davon 5 cm lange Stücke abschneiden.

• Fertige Kroketten mit einer Schaumkelle aus dem Schmalz heben und auf Küchenpapier legen. So wird überschüssiges Fett vom Papier aufgenommen.

SERVIERTIP

Servieren Sie die Kroketten mit Blattsalaten – Essig und Öl separat reichen – und gegrillten Kalbssteaks.

 Dazu schmeckt ein kräftiger trockener Frascati, der im Süden Roms gedeiht.

KNUSPRIGE KRÄUTERKARTOFFELN

ITALIEN

Kroß überbackene Kartoffelscheiben, gewürzt mit Parmesan, Rosmarin, Thymian und Knoblauch, schmecken köstlich als kleiner Snack zwischendurch oder als Beilage zu Fleisch.

ZUTATEN
(Für 4 Portionen)

- 4 große festkochende Kartoffeln (etwa 1 kg)
- 2 Zweige Rosmarin
- 6 Zweige Thymian
- 4 Knoblauchzehen
- 3 EL Semmelbrösel
- 40 g Parmesan
- 2 EL Butter
- 2 EL Olivenöl
- Salz, schwarzer Pfeffer

AUSSERDEM
- Olivenöl für das Blech
- Rosmarin zum Garnieren

ZUTATENTIP
- Frischer Rosmarin und Thymian lassen sich je durch 1 TL getrocknete Kräuter ersetzen.
- Kaufen Sie Parmesan möglichst stets am Stück und reiben Sie ihn bei Bedarf frisch. Er schmeckt dann wesentlich aromatischer als abgepackter geriebener Parmesan.

1 Backofen auf 200 °C vorheizen. Ein Backblech mit Olivenöl einfetten. Die Kartoffeln schälen und längs halbieren. Je eine Hälfte auf ein Brett legen, an beiden Enden festhalten und schräg in Scheiben schneiden. Ein flaches Messer unter die Hälfte schieben und diese auf das Blech legen. Scheiben etwas auseinanderdrücken.

Schritt 1

2 Rosmarin und Thymian waschen, trockenschütteln und fein hacken. Den Knoblauch schälen und hacken. Die Kräuter und den Knoblauch mit den Semmelbröseln mischen und über die Kartoffeln streuen.

3 Den Parmesan auf einer Haushaltsreibe oder mit einer speziellen Parmesanreibe fein reiben und über die Kartoffeln streuen.

Schritt 3

4 Die Butter in einem kleinen Topf erhitzen und aufschäumen lassen. Das Olivenöl dazugeben, mit Salz und Pfeffer mischen und mit einem Löffel gleichmäßig über die Kartoffeln träufeln.

5 Das Blech in den Ofen (Gas 3; Umluft 180 °C) schieben und die Kartoffeln in etwa 30 Minuten gar und knusprig backen. Mit Rosmarin garnieren und heiß servieren.

Schritt 4

Vorbereiten 30 Min. Backen 30 Min.
Pro Portion: 330 kcal/1400 kJ;
10 g EW; 14 g F; 44 g KH

TYPISCH APULIEN
Im äußersten Süden Italiens, in Apulien, wird Landwirtschaft großgeschrieben. Getreide, Kartoffeln und Gemüse prägen hier den Speiseplan mehr als in anderen Regionen des Landes. Besonders gern werden sie mit Olivenöl, Knoblauch und reichlich wildwachsenden Kräutern kombiniert.

KOCHTIP

Auf die gleiche Art läßt sich aus festen Pellkartoffeln vom Vortag im Handumdrehen ein köstliches kleines Gericht zaubern. Die Kartoffeln werden dann jedoch nur so lange gebacken, bis sie eine goldbraune Kruste haben. Das dauert etwa 15 Minuten.

SERVIERTIP

Zusammen mit einem gemischten Salat sind die Kartoffeln ein feiner Snack. Als Beilage passen sie gut zu Lammbraten.

 Dazu einen Weißwein, etwa einen San Severo aus Apulien, reichen.

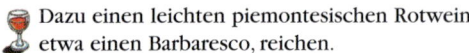

SERVIERTIP Gut schmecken Gnocchi auch mit Pesto, der ligurischen Basilikumpaste.

Dazu einen leichten piemontesischen Rotwein, etwa einen Barbaresco, reichen.

Gnocchi auf Piemonteser Art

ITALIEN

Eine italienische Köstlichkeit aus dem schönen Piemont: Gnocchi in Tomatensauce mit Salbeiblättern. Die kleinen, lockeren Kartoffelklößchen zergehen auf der Zunge.

ZUTATEN
(Für 4 Portionen)

- 1 kg mehligkochende Kartoffeln
- 200-250 g Mehl
- Salz, weißer Pfeffer

FÜR DIE SAUCE

- 800 g reife Tomaten
- 2 kleine Zwiebeln
- 2 EL Butter
- 16-20 kleine Salbeiblätter
- Salz, schwarzer Pfeffer

AUSSERDEM

- 60 g Parmesan zum Bestreuen

ZUTATENTIP

Kaufen Sie nach Möglichkeit sonnengereifte Eier- oder Flaschentomaten, die besonders saftig und aromatisch sind. Ansonsten greifen Sie besser auf eine Dose (800 g) geschälte Tomaten zurück.

1 Die Kartoffeln schälen und in kochendem Salzwasser in 20 Minuten garen. Die Tomaten kreuzweise einritzen, überbrühen, häuten, halbieren, entkernen und würfeln.

2 Inzwischen die Zwiebeln schälen und in feine Würfel schneiden. Die Butter in einem Topf aufschäumen und den Salbei kurz darin anschwitzen. Herausnehmen und zur Seite stellen. Die Zwiebeln in der Butter glasig werden lassen, dann die Tomaten dazugeben. Salzen, pfeffern und offen bei ganz schwacher Hitze leicht köcheln lassen.

3 Die Kartoffeln abgießen und noch heiß durch die Kartoffelpresse drücken. Nach und nach das Mehl unterkneten. Mit Salz und weißem Pfeffer abschmecken. Mit bemehlten Händen fingerdicke Rollen formen. In 2-3 cm lange Stücke schneiden, jedes Stück leicht mit einer Gabel eindrücken.

4 Reichlich Salzwasser aufkochen lassen. Die Gnocchi hineingeben und offen bei schwacher Hitze etwa 5 Minuten garen. Mit einer Schaumkelle herausheben, gut abtropfen lassen und auf Teller geben. Die Tomatensauce abschmecken und mit Salbei und Parmesan über die Gnocchi geben.

Schritt 2

Schritt 3

Schritt 4

Kochen 20 Min. Zubereiten 40 Std.
Pro Portion: 520 kcal/2200 kJ;
17 g EW; 9 g F; 80 g KH

TYPISCH PIEMONT

Knödel und Klößchen sind vor allem im Piemont beliebt. Doch Gnocchi werden auch in anderen italienischen Regionen in unzähligen Varianten gegessen: In Verona ist es Brauch, sie am Karnevalsfreitag vor der Basilika San Zeno Maggiore an die Passanten zu verteilen.

ZITRONEN-KNOBLAUCH-KARTOFFELN

GRIECHENLAND

Neue kleine Kartoffeln in Olivenöl angebraten, in Brühe geschmort und fein mit Zitrone und Knoblauch abgeschmeckt – der Duft entführt Sie in griechische Sommernächte.

ZUTATEN
(Für 4 Portionen)

- 750 g kleine, neue festkochende Kartoffeln
- 5 Knoblauchzehen
- 4 EL Olivenöl
- ¼ l Brühe
- Salz, schwarzer Pfeffer
- 1 unbehandelte Zitrone
- 3 Zweige Thymian
- 1 Zweig Rosmarin

AUSSERDEM
- Thymian und Rosmarin zum Garnieren

ZUTATENTIP

- Kaufen Sie möglichst kleine, gleichmäßig geformte Kartoffeln, damit alle Knollen zur gleichen Zeit gar sind.
- Anstelle der frischen Thymian- und Rosmarinzweige können Sie entweder je 1 TL getrocknete Kräuter oder auch frische Petersilie und Minze verwenden.

1 Die Kartoffeln gründlich waschen, abbürsten und mit Küchenpapier abtrocknen. Falls bevorzugt, die Kartoffeln schälen. Den Knoblauch schälen und in dünne Scheiben schneiden.

2 Das Öl in einer breiten, schweren Pfanne nicht zu stark erhitzen. Den Knoblauch darin goldbraun anbraten und mit einem Schaumlöffel herausnehmen.

Schritt 2

3 Die Kartoffeln im Öl rundherum leicht anbraten. Mit der Brühe ablöschen, mit Salz und Pfeffer würzen und fest zugedeckt bei schwacher Hitze 25 Minuten schmoren.

4 Die Zitrone heiß waschen, abtrocknen, die Schale abreiben, den Saft auspressen. Thymian und Rosmarin waschen und trokkenschütteln. Die Blättchen beziehungsweise Nadeln von den Stielen streifen und hacken.

Schritt 4

5 Zitronensaft und -schale, Thymian und Rosmarin zu den Kartoffeln geben. Bei starker Hitze offen etwa 5 Minuten kochen lassen, bis die Brühe fast vollständig verdampft ist. Den Knoblauch über die Kartoffeln streuen. Die Kartoffeln mit Thymian und Rosmarin garnieren.

Schritt 5

Zubereiten 50 Min.
Pro Portion: 230 kcal/950 kJ;
4 g EW; 10 g F; 29 g KH

TYPISCH PELOPONNES

Auf dem Peloponnes, der markant geformten Halbinsel im Süden Griechenlands, gedeihen Kartoffeln neben Getreide, Oliven, Obst und Gemüse besonders gut. Am liebsten verfeinern die Bewohner die braune Knolle mit Zitrone, Knoblauch und Kräutern – eben mit allem, was der heimische Boden hergibt.

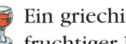

KOCHTIP

Eine ähnliche Geschmacksnote hat das typisch griechische Kartoffelpüree: 400 g Kartoffeln garen,
schälen und durch die Presse drücken. Mit 3 zer-
drückten Knoblauchzehen, 5 EL Olivenöl und 6 EL
Brühe verrühren, mit Salz, Pfeffer und Zitronensaft
abschmecken und mit schwarzen Oliven anrichten.

SERVIERTIP

Für einen kleinen deftigen Snack
die Kartoffeln mit Schafskäse bestreuen und mit mariniertem Paprika anrichten.

Ein griechischer Rotwein paßt gut dazu, etwa ein
fruchtiger Demestica.

41

SERVIERTIP Die Kartoffeln mit Schafskäse, Wurst, Oliven und Fladenbrot als Vorspeise servieren.

Dazu Ayran, ein kühles Getränk aus Joghurt und Wasser, oder einen Raki anbieten.

KARTOFFEL-AUBERGINEN-PFANNE

ZUTATEN
(Für 4 Portionen)

- 500 g festkochende Kartoffeln
- 6 EL Olivenöl
- Salz, schwarzer Pfeffer
- 1 Aubergine
- 3-4 milde grüne Chilischoten
- ½ TL edelsüßes Paprikapulver

AUSSERDEM

- ½ Bund Petersilie
- 1 Zweig Minze
- 300 g türkischer Joghurt (siehe Zutatentip)

ZUTATENTIP

Der sahnige türkische oder griechische Joghurt ist der beste Garant für typischen Geschmack. Natürlich können Sie ebensogut heimischen Joghurt verwenden, der weniger cremig ist. Er sollte auf alle Fälle gut gekühlt sein.

Ein türkisches Gemüsegericht vom Feinsten: in Olivenöl gebratene Kartoffel- und Auberginenwürfel, kombiniert mit mildem Chili. Ganz typisch dazu: die kühle Joghurtsauce.

1 Die Kartoffeln waschen, schälen und in 2-3 cm große Würfel schneiden. Das Olivenöl in einer beschichteten Pfanne nicht zu stark erhitzen. Die Kartoffeln hineingeben, mit Salz und Pfeffer würzen und offen bei mittlerer Hitze unter häufigem Wenden etwa 15 Minuten braten.

Schritt 1

2 Inzwischen die Aubergine waschen, putzen und ebenfalls in 2-3 cm große Würfel schneiden. Die Chilischoten waschen, von den Stielansätzen befreien und in sehr breite Ringe schneiden.

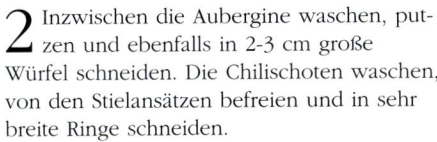

Schritt 3

3 Auberginenwürfel und Chilischotenringe zu den Kartoffeln geben. Mit Paprikapulver würzen und weitere 15 Minuten unter häufigem Wenden braten.

4 Die Petersilie und die Minze waschen und abtrocknen. Einige Blättchen zum Garnieren beiseite legen, die restlichen fein hacken und mit dem Joghurt glattrühren. Mit Salz und Pfeffer abschmecken.

Schritt 4

5 Wenn die Kartoffeln gar und knusprig sind, das Gemüse auf eine Platte umfüllen und mit den Petersilien- und Minzeblättchen garnieren. Den Joghurt dazu servieren.

Zubereiten 45 Min.
Pro Portion: 260 kcal/1100 kJ; 5 g EW; 18 g F; 20 g KH

TYPISCH TÜRKISCH

Seit der Zeit, in der die Türken als Nomaden durch das Land zogen, fehlt Joghurt auf keinem türkischen Speiseplan. Die meisten Hausfrauen stellen das erfrischende, leicht säuerliche Milchprodukt selbst her, mal aus Schafsmilch, mal aus Kuh- oder Ziegenmilch.

ISRAELISCHE KARTOFFEL-GEMÜSE-SPIESSCHEN

Kartoffel- und Gemüsescheiben auf Spießchen knusprig gegrillt und kräftig gewürzt – überraschen Sie Gäste mit dieser ungewöhnlichen, vegetarischen Kebab-Variante.

ZUTATEN
(Für 4 Portionen)

- 400 g längliche fest-kochende Kartoffeln
- 1 Zwiebel (siehe Zutatentip)
- 2 kleine Zucchini
- 1 rote Paprikaschote
- 8 Lorbeerblätter
- 2 Zweige Thymian
- 6 EL Olivenöl
- Salz, schwarzer Pfeffer
- je ⅛ TL gemahlener Kreuz-kümmel, Zimt, gemahlenes Piment und Kardamom

AUSSERDEM
- Thymian zum Garnieren

ZUTATENTIP

- Die süßlichen Gemüse-zwiebeln eignen sich zum Grillen besonders gut.
- Die Lorbeerblätter sollten frisch sein, sonst zerbrechen sie beim Aufspießen – even-tuell lieber darauf verzichten.

1 Die Kartoffeln waschen, schälen und in ½-1 cm dicke Scheiben schneiden. In wenig Salzwasser zugedeckt knapp 5 Minuten kochen und in ein Sieb abgießen.

2 Zwiebel schälen, vierteln und vorsichtig in einzelne Schichten teilen. Zucchini waschen, putzen und in 1-1½ cm dicke Scheiben schneiden. Den Paprika halbieren, von Stengelansatz und Samensträngen befrei-en, waschen und in Stücke – etwa so groß wie die Kartoffelscheiben – schneiden.

3 Die Kartoffeln, die Zwiebel, die Zucchini, den Paprika und die Lorbeer-blätter abwechselnd auf lange Spieße reihen.

4 Die Thymianblättchen von den Stielen streifen, mit dem Olivenöl, Salz, Pfeffer, dem Kreuzkümmel, dem Piment, dem Zimt und dem Kardamom verrühren.

5 Den Gartengrill, einen Tischgrill oder den Grill des Backofens aufheizen. Die Spieße rundherum goldbraun grillen, dabei zwischendurch mehrmals mit dem gewürz-ten Öl bestreichen. Mit Thymian garnieren.

Schritt 2

Schritt 3

Schritt 5

Zubereiten 40 Min.
Pro Portion: 240 kcal/990 kJ;
4 g EW; 16 g F; 20 g KH

TYPISCH ISRAELISCH

Marinierte und üppig gewürzte Fleischspieße vom Grill sind in Israel ein beliebter Straßen-imbiß und der Renner bei jedem Barbecue. Oft bekommt man separat zum Fleisch auch Spießchen mit Kartoffeln und verschiedenen Gemüsesorten – eine ideale Ergänzung.

KOCHTIP

• Die Kartoffeln müssen vorgekocht werden, sonst bleiben sie beim Grillen hart. Wichtig ist aber, daß Sie sie nicht zu lange vorkochen – zu weiche Scheiben lassen sich nicht mehr aufspießen.

• Ein raffinierter Trick: Das Öl mit einem Rosmarin- oder Thymianzweig auf das Gemüse pinseln.

SERVIERTIP

Die perfekte Ergänzung zu den Spießchen ist eine herzhaft mit Knoblauch und Petersilie gewürzte Tomatensauce.

Zum Essen empfiehlt sich Mineralwasser mit einem Spritzer Zitrone oder ein kühles Bier.

INDISCHE CURRY-KARTOFFELN

INDIEN

ZUTATEN
(Für 4 Portionen)

- 600 g vorwiegend festkochende Kartoffeln
- 2 EL Butterschmalz
- 3 Frühlingszwiebeln
- 2 Knoblauchzehen
- 2 cm frische Ingwerwurzel
- 1 grüne Chilischote
- 2 große Tomaten
- 1-2 EL Garam Masala
- ½ TL Mehl
- 150 g Joghurt
- 1-2 EL Zitronensaft
- Salz, schwarzer Pfeffer
- 2 TL schwarze Sesam-
  samen (siehe Zutatentip)

ZUTATENTIP

Schwarze Sesamsamen erhalten Sie im Asienladen. Ein
guter Ersatz: Rösten Sie helle
Sesamsamen in einer trockenen Pfanne an, bis sie leicht
aromatisch duften.

*Fernöstlich gewürzte Bratkartoffeln mit einer leichten
Joghurtsauce. Schwarzer Sesam sorgt für ein feines Aroma,
Chilistücke und Tomaten bringen Farbe in das Gericht.*

1 Die Kartoffeln waschen, schälen und in
mundgerechte Stücke schneiden. Das
Butterschmalz in einer Pfanne erhitzen und
die Kartoffeln darin unter häufigem Rühren
etwa 20 Minuten bei mittlerer Hitze braten.

2 Die Frühlingszwiebeln waschen, putzen
und in dünne Ringe schneiden. Das
Grün zum Garnieren beiseite legen.

Schritt 3

3 Knoblauch und Ingwer schälen und in
kleine Würfel schneiden. Die Chili aufschlitzen, von Stengelansatz und Samensträngen befreien, waschen und hacken. Tomaten
vom Stielansatz befreien, überbrühen, häuten
und in kleine Würfel schneiden.

Schritt 3

4 Frühlingszwiebeln, Knoblauch, Ingwer
und Chilischote zu den Kartoffeln geben
und kurz mit anbraten. Mit Garam Masala
bestreuen und alles verrühren. Das Mehl mit
dem Joghurt glattrühren und mit den
Tomaten zu den Kartoffeln geben. Bei
schwacher Hitze noch 10 Minuten garen.

Schritt 4

5 Die Kartoffeln mit Zitronensaft, Salz und
Pfeffer würzen. Mit Frühlingszwiebel-
grün und Sesam bestreuen.

Zubereiten 45 Min.
Pro Portion: 220 kcal/930 kJ;
6 g EW; 9 g F; 29 g KH

TYPISCH INDISCH

Aus religiösen Gründen ernähren sich viele
Inder rein vegetarisch. Kein Wunder, daß die
vegetarische Küche Indiens besonders
abwechslungsreich und vielfältig ist. Auch aus
Kartoffeln werden mit Hilfe der verschieden-
sten Zutaten tolle Gerichte gezaubert.

MEXIKANISCHE BOHNEN-KARTOFFELN

Zubereiten **1** Std. **15** Min.

(FÜR 4 PORTIONEN)
- 1 Zwiebel
- 1 Knoblauchzehe
- 2 grüne Chilis
- 2 EL Öl
- 1 Dose Kidney-
  bohnen (400 g)
- 6 EL Ketchup
- Salz, Pfeffer
- 1 kleine Avocado
- 3 EL Zitronensaft

4 Zwiebel und Knoblauch schälen und fein würfeln. Chilis von Samen und Scheidewänden befreien, waschen und hacken. Das Öl im Topf erhitzen, Zwiebel, Knoblauch und Chilis darin anbraten.

5 Bohnen abgetropft dazugeben. Ketchup einrühren, alles salzen und pfeffern. Bei schwacher Hitze etwa 10 Minuten köcheln.

6 Avocado halbieren, entsteinen, das geschälte Fruchtfleisch klein würfeln und mit Zitronensaft beträufeln.

7 Die fertig gebackenen Kartoffeln leicht einschneiden und auseinander drücken. Die Bohnen und die Avocadowürfel auf die Kartoffeln verteilen.

AMERIKANISCHE BROKKOLI-KARTOFFELN

Zubereiten **1** Std. **15** Min.

(FÜR 4 PORTIONEN)
- 200 g Brokkoli
- 200 g Crème
  fraîche
- Salz, Pfeffer
- 2 EL gehackte
  Petersilie
- 100 g Cheddar
  oder Gouda
- 4 TL Butter

4 Brokkoli waschen, putzen, in Röschen teilen, die Stiele schälen. Den Kohl zugedeckt in wenig Salzwasser in 5 Minuten weich dünsten. Abtropfen lassen.

5 Die Crème fraîche mit Salz, Pfeffer und der Petersilie verrühren und abschmecken. Den Käse grob raspeln.

6 Die fertig gebackenen Kartoffeln leicht einschneiden und auseinanderdrücken. Jeweils 1 TL Butter und etwas Käse hineingeben. Den Brokkoli mit Crème fraîche vermengen und in die Kartoffeln geben, den restlichen Käse aufstreuen. Die Kartoffeln noch ganz kurz im Ofen überbacken.

KARTOFFEL-SCHINKEN-BURGER

AUSTRALIEN

Saftige Burger aus Kartoffeln, Schinken und Käse stecken in Hamburger-Brötchen – garniert mit Brunnenkresse und Chilisauce eine leckere Variante der beliebten Hacksteaks.

ZUTATEN
(Für 4 Portionen)

FÜR DIE BURGER
- 350 g mittelgroße mehlig-kochende Kartoffeln
- 60 g gekochter Schinken
- 60 g Emmentaler
- 1 EL Butter
- 2 EL gehackte Petersilie
- Salz, schwarzer Pfeffer
- 4 EL Semmelbrösel
- 4 Hamburger-Brötchen

FÜR DIE SAUCE
- ½ Bund Brunnenkresse
- 125 g Crème fraîche
- 3 EL Chilisauce

AUSSERDEM
- Mehl zum Formen
- 4 EL Butter zum Braten

ZUTATENTIP

Statt der Brunnenkresse eignet sich auch Feldsalat, Rucola oder grüner Salat als frische, farbige Komponente.

1 Den Backofen auf 225 °C vorheizen. Die Kartoffeln darin (Gas 4; Umluft 200 °C) in 50 Minuten garen. Etwas abkühlen lassen, das Kartoffelfleisch mit einem Löffel aus den Schalen kratzen und in einer Schüssel mit einer Gabel zerdrücken.

Schritt 1

2 Schinken und Emmentaler in sehr feine Würfel schneiden, mit Butter, Petersilie, Salz und Pfeffer unter das Püree rühren.

3 Das Püree in 4 Portionen teilen. Jede Portion mit bemehlten Händen zu einem Taler formen, rundherum in Semmelbrösel drücken und 1 Stunde kalt stellen.

Schritt 2

4 Die Butter in einer beschichteten Pfanne aufschäumen lassen und die Burger darin von beiden Seiten goldbraun braten.

5 Hamburger-Brötchen aufschneiden und toasten. Brunnenkresse waschen und verlesen. Crème fraîche mit der Chilisauce verrühren. Die unteren Hälften der Brötchen mit etwas Chilicreme bestreichen, Kresse und je einen Kartoffelburger darauf geben. Mit der restlichen Chilicreme und den oberen Brötchenhälften bedecken.

Schritt 3

Backen **50** Min. Kühlen **1** Std.
Zubereiten **30** Min.
Pro Portion: 450 kcal/ 1900 kJ;
15 g EW; 23 g F; 49 g KH

TYPISCH AUSTRALISCH

Schon im Jahre 1788 entstand in Australien die erste britische Siedlung als Strafkolonie. Danach wanderten immer mehr Engländer in den fernen Kontinent aus und brachten unter anderem die würzige Brunnenkresse mit. Gut durchdachte Bewässerungssysteme versorgen das Kraut mit klarem, sauberem Wasser.

KOCHTIP

Für eine schnelle Variante können Sie die Burger auch mit einem Kartoffelpüree-Trockenprodukt zubereiten. Dafür etwas weniger Wasser oder Milch verwenden als auf der Packungsanleitung angegeben, damit der Teig gut formbar ist. Sollte der Teig zu flüssig sein, einfach noch etwas Mehl unter das Püree rühren.

SERVIERTIP

Zum Nachwürzen verschiedene Fertigsaucen, zum Beispiel Tomatenketchup, Mayonnaise und Tabasco, auf den Tisch stellen.

Zu Fast-Food-Gerichten wie diesem trinken die Australier gerne ein kühles Bier.

GEBACKENE FÄCHERKARTOFFELN

USA

Die dekorativen Fächerkartoffeln werden mit dreierlei Gewürzmischungen beträufelt und dann im Ofen goldbraun gebacken. Ein richtiges Schlemmeressen!

ZUTATEN
(Für 4 Portionen)

- 12 mittelgroße festkochende Kartoffeln (etwa 1,5 kg)
- Salz, Pfeffer

FÜR DIE KRÄUTERMISCHUNG

- 1 EL Butter
- 2 EL gehackte Petersilie
- 1 EL Oreganoblättchen
- 1 EL gehacktes Basilikum

FÜR DIE CHILIMISCHUNG

- 1 EL Öl
- 1 TL edelsüßes Paprikapulver
- 1 kleine rote Chilischote
- 1 TL gehackte Korianderblätter

FÜR DIE KNOBLAUCHMISCHUNG

- 2 Knoblauchzehen
- ½ unbehandelte Zitrone
- 1 TL gehackter Rosmarin
- 1 EL Olivenöl

AUSSERDEM

- Öl für das Blech

1 Die Kartoffeln gut waschen und abtrocknen. Auf einer flachen Seite je eine dünne Scheibe abschneiden, damit die Kartoffeln später flach aufliegen.

2 Die Kartoffeln quer einschneiden, so daß die Scheiben noch zusammenhängen. Auffächern, salzen und pfeffern. Den Backofen auf 175 °C vorheizen.

3 Die Butter schmelzen lassen und mit den Kräutern vermischen. Vier der Kartoffeln mit der Mischung beträufeln.

4 Öl mit Paprikapulver mischen und über vier weitere Kartoffeln verteilen. Chilischote putzen, hacken, mit Koriandergrün mischen und darüber streuen.

5 Knoblauch schälen und fein würfeln. Zitrone heiß waschen, Schale abreiben und Saft auspressen. Schale mit Knoblauch und Rosmarin mischen. Restliche Kartoffeln mit Olivenöl und Zitronensaft beträufeln. Die Knoblauchmischung darauf geben.

6 Kartoffeln nebeneinander auf ein geöltes Blech setzen. In etwa 50 Minuten (Gas 2; Umluft 160 °C) gar und knusprig backen.

Schritt 1

Schritt 4

Schritt 5

Vorbereiten 50 Min. Backen 50 Min.
Pro Portion: 310 kcal/1300 kJ;
6 g EW; 14 g F; 39 g KH

TYPISCH IDAHO

Die Kartoffelbauern in Idaho versorgen fast ganz Amerika mit den braunen Knollen. Da liegt es nahe, daß viele der leckersten Kartoffelrezepte aus diesem Bundesstaat stammen. Besonders beliebt sind alle Varianten von »Baked Potatoes«, den kräftig gewürzten und im Ofen gebackenen Kartoffeln.

KOCHTIP

Zum Einschneiden der Kartoffeln am besten zwei Kochlöffelstiele als Hilfsmittel nehmen. Die beiden Stiele quer vor und hinter die Kartoffeln legen und diese nur so weit einschneiden, bis das Messer auf die Stiele trifft. Auf diese Weise können Sie die Knollen nicht versehentlich vollständig durchschneiden.

SERVIERTIP

Gut paßt dazu ein Salat aus Tomaten, Mais, Paprikaschoten, Chilis und Kidneybohnen.

 Eine Apfelsaftschorle oder ein Apfelwein erfrischt und ergänzt die Kartoffeln geschmacklich gut.

GEBRATENE KARTOFFELN MIT PAPRIKA

MEXIKO

Genießen Sie Kartoffeln auf mexikanische Art: Die köstlichen Knollen braten sanft mit roten Paprikaschoten, milden Chilis und frischen Tomaten. Limettensaft rundet das Aroma ab.

ZUTATEN
(Für 4 Portionen)

- 600 g festkochende Kartoffeln
- 3 EL Öl
- je 1 rote und grüne Paprikaschote
- 3-5 kleine, scharfe Chilischoten
- 2 rote Zwiebeln
- 200 g Tomaten
- Salz, schwarzer Pfeffer
- 1-2 EL Zitronen- oder Limettensaft

AUSSERDEM
- einige Zweige Koriander (siehe Zutatentip)

ZUTATENTIP

An das Aroma von frischem Koriander muß man sich gewöhnen, doch nur damit schmeckt es echt mexikanisch. Ganz Vorsichtige nehmen statt dessen Petersilie.

1 Die Kartoffeln waschen, schälen und in etwa ½ cm dicke Scheiben schneiden. Das Öl in einer Pfanne erhitzen, die Kartoffeln hineingeben und bei mittlerer Hitze unter vorsichtigem Wenden in etwa 15 Minuten braten.

2 Inzwischen die Paprikaschoten halbieren und die Chilischoten aufschlitzen. Paprikas und Chilischoten von Scheidewänden, Samen und Stielansätzen befreien, waschen und in kleine Würfel schneiden. Die Zwiebeln schälen und ebenfalls in kleine Würfel schneiden.

3 Die Paprika-, Zwiebel- und Chilischotenwürfel zu den Kartoffeln geben. Kartoffeln und Gemüse zusammen weitere 15 Minuten braten, dabei zwischendurch mehrmals vorsichtig wenden.

4 Den Stielansatz der Tomaten entfernen und die Haut kreuzweise einritzen. Tomaten kurz überbrühen und enthäuten. Halbieren, Kerne entfernen und das Fleisch in kleine Würfel schneiden. Zu den Kartoffeln geben und kurz mit erhitzen. Kartoffeln mit Salz, Pfeffer und Zitronensaft würzen. Vor dem Servieren mit Koriander bestreuen.

Schritt 1

Schritt 2

Schritt 4

Zubereiten 45 Min.
Pro Portion: 230 kcal/970 kJ;
5 g EW; 11 g F; 30 g KH

TYPISCH MEXIKANISCH

Mexikanische Märkte quellen über von Paprikas und Chilis. Mehr als 100 Sorten sind im Land der Maya-Tempel bekannt – von mild bis superscharf. Ohne die würzigen Schoten wäre die Küche der Indios undenkbar. Dabei gilt: Je schärfer, desto besser.

KOCHTIP

Am besten gelingen Bratkartoffeln in einer möglichst
großen Pfanne, in der alle Kartoffelscheiben guten
Kontakt mit dem Pfannenboden haben. Zur Not in
zwei kleineren Pfannen braten. Wer eine beschichtete
Pfanne verwendet, sollte auch etwas Öl hineingeben,
sonst werden die Kartoffeln nicht knusprig.

SERVIERTIP

Eine ideale Beilage zu gegrillten Hähnchen-
schenkeln oder zu gebratenen Paprika-
würsten, die in Mexiko »Chorizillos« heißen.

Als Aperitif schmeckt Tequila, dazu mexikanisches
Bier oder ein trockener Rotwein.

KARTOFFELTALER »LLAPINGACHOS«

ECUADOR

ZUTATEN
(Für 4 Portionen)

- 750 g mehligkochende Kartoffeln
- 2 Zwiebeln
- 4 EL Butter
- 2 kleine Eier
- Salz, schwarzer Pfeffer
- 100 g Cheddar oder Gouda

AUSSERDEM
- Mehl zum Formen
- Öl zum Braten
- 1 Prise Kurkuma

ZUTATENTIP

Kurkuma färbt das Öl gold-gelb und sorgt dafür, daß die Taler schön goldbraun wer-den und eine leichte Schärfe erhalten. In Ecuador nimmt man dafür ein mit Anatto-samen aromatisiertes Öl. Bei uns gibt es diese Samen kaum zu kaufen, doch Kur-kuma ist ein guter Ersatz.

Die Andenbewohner des kleinen Landes Ecuador lieben ihre »Llapingachos«, wie sie die Taler aus würzigem Kartoffelpüree nennen. Ein knuspriger Snack, leckere Vorspeise oder Beilage.

1 Die Kartoffeln waschen, abbürsten und zugedeckt in wenig Salzwasser in 20-30 Minuten gar kochen.

2 Inzwischen die Zwiebeln schälen und in sehr feine Würfel schneiden. Die Butter in einem kleinen Topf aufschäumen lassen. Die Zwiebelwürfel hineingeben und glasig werden lassen.

Schritt 2

3 Die Kartoffeln abgießen, etwas abkühlen lassen, pellen und durch eine Kartoffel-presse drücken. Mit den Zwiebeln und den Eiern verrühren, mit Salz und Pfeffer wür-zen. Zugedeckt 1 Stunde kalt stellen.

Schritt 4

4 Den Käse in 1 cm dicke Scheiben und diese in insgesamt 12 Stücke schneiden. Den Kartoffelteig in 12 Portionen teilen. Mit bemehlten Händen zu dicken Talern formen, dabei jeweils ein Käsestück in die Mitte geben. Die Taler leicht in Mehl wenden.

5 Ausreichend Öl zum Braten in zwei Pfannen erhitzen und mit Kurkuma ver-rühren. Die Kartoffeltaler im Öl rundherum goldbraun braten. Mit einem Schaumlöffel herausheben und auf Küchenpapier gut abtropfen lassen.

Schritt 5

Kochen **30** Min. Kühlen **1** Std.
Zubereiten **30** Min.
Pro Portion: 500 kcal/2100 kJ;
15 g EW; 34 g F; 36 g KH

TYPISCH ECUADOR

Viele Ecuadorianer verdienen ihren Lebens-unterhalt mit dem Verkauf von kleinen Snacks auf Märkten, in Bussen und Bahnen oder ein-fach am Straßenrand. Vor allem in den nördli-chen Anden und in der Hauptstadt Quito dür-fen die saftigen Kartoffeltaler im Angebot der Straßenhändler nicht fehlen.

KOCHTIP

Eine scharfe Erdnußsauce peppt die Kartoffeltaler noch mehr auf: Dafür geschälte Erdnußkerne rösten und mit geputzten Chilischoten, Knoblauch, Salz, Pfeffer, etwas Milch und Öl im Mixer zu einer Creme pürieren. Wenn die Zeit knapp ist, läßt sich die Sauce auch mit Erdnußcreme aus dem Glas zubereiten.

SERVIERTIP

Ein Salat aus Avocado- und Tomaten-spalten und etwas Eisbergsalat schmeckt erfrischend dazu – fertig ist eine Mahlzeit.

 Mixen Sie ein Saftgetränk aus pürierten exoti-schen Früchten, etwa aus Mango.

KÜCHEN-LEXIKON

Von A bis Z erklärt das Küchen-Lexikon wenig geläufige Zutaten,
Kochbegriffe und Zubereitungsarten, die Ihnen im Buch begegnen.

AIOLI
Eine Mayonnaise mit zerdrück-
tem Knoblauch, die in der
Mittelmeerregion beliebt ist.

BLECHKARTOFFELN
Kartoffeln werden mit einer
Würzmischung bestrichen und
auf dem Blech im Ofen gegart.

BRATKARTOFFELN
Am besten gelingen Bratkartoffeln aus festko-
chenden, rohen oder gekochten Kartoffeln.
Sie sollten möglichst eine beschichtete
Pfanne verwenden, aber auch darin nicht an
Fett sparen – so
werden die
Kartoffeln
schön knusprig.

FÜNF-GEWÜRZ-PULVER
Die chinesische
Gewürzmischung aus
Zimt, Pfeffer, Nelken,
Fenchel und Anis gibt es
im Asienladen.

GARAM MASALA
Die Mischung aus gerö-
steten und gemahlenen
Gewürzen ist Zutat vie-
ler indischer Rezepte.

GNOCCHI
Zarte Kartoffelklößchen,
die in viel Salzwasser
gegart und mit Sahne-
oder Tomatensauce
serviert werden.

GRATIN
Im Ofen offen über-
backenes Gericht, bei
dem bereits vorgegarte
Zutaten abschließend
gegart werden.

KARTOFFELPÜREE
Mehligkochende Kar-
toffeln werden gekocht,
geschält und zerstampft
oder durch eine Kartof-
felpresse gedrückt.
Kleine Mengen kann
man auch mit einer
Gabel zerdrücken.
Zum Verfeinern
Butter, Milch
oder Sahne
unterrühren.

TIPS ZUR KARTOFFEL
Die spanischen Eroberer
brachten die Kartoffel im
16. Jahrhundert aus Süd-
amerika mit nach Europa.
Der jährliche Pro-Kopf-
Verbrauch der braunen
Knolle liegt in Deutschland
bei stattlichen 70 kg.

Einkauf
Die Knollen sollten glatt,
fest und ohne Triebe sein.
Achten Sie auf die
Kocheigenschaft: Sie muß
am Regal oder auf der
Verpackung
genannt
sein und
wird oft
farbig ge-
kennzeich-
net: »Grün«
bedeutet fest-
kochend, »rot« vorwiegend
festkochend, und »blau«
heißt mehligkochend.

Aufbewahrung
Lagern Sie Kartoffeln am besten im
Keller bei 4-9 °C – kühl, luftig und dun-
kel. Wenn Ihnen gute Lagermöglich-
keiten fehlen, kaufen Sie lieber nach
Bedarf immer wieder neu. Nehmen Sie
die Kartoffeln aus der Kunststoffver-
packung, sonst faulen sie leicht.

Verarbeitung
Kartoffeln sollten nie roh gegessen wer-
den, denn ihre Stärke ist unverdaulich.
Schälen Sie sie erst kurz vor dem Garen
dünn ab – sonst gehen wertvolle Inhalts-
stoffe verloren. Grüne Stellen unbedingt
großzügig wegschneiden – sie enthalten
Solanin, das Kopfschmerzen, Übelkeit
und Durchfall verursachen kann.

Inhaltsstoffe
Kartoffeln sind besonders fett- und
kalorienarm – ganz im Gegensatz zu
ihrem Image als Dickmacher: 100 g
haben nur rund 75 Kilokalorien. Die
Knollen enthalten hochwertiges Eiweiß,
viele wichtige Mineralstoffe und
Vitamine, allen voran Vitamin C.

KARTOFFELSORTEN

Kocheigenschaften und Erntezeitpunkt sind maßgeblich für die Einteilung nach Sorten.

Festkochend

Sie behalten beim Kochen ihre Struktur und eignen sich gut für Salz-, Brat- und Pellkartoffeln oder Salate und Gratins. Sorten: Cilena, Hansa, Nicola oder Sieglinde.

Vorwiegend festkochend

Mittelfeste bis leicht mehlige Kartoffeln wie Agria, Granola oder Quarta sind für fast alle Zubereitungsarten geeignet.

Mehligkochend

Kartoffeln mit hohem Stärkegehalt zerfallen leicht und binden gut – sie sind ideal für Pürees, Suppen oder Klöße. Bekannte Sorten sind Aula, Bintje oder Adretta.

Früh- und Spätkartoffeln

Frühkartoffeln gibt es ab Juni aus deutscher Ernte. Sie haben eine dünne Schale und sollten möglichst rasch verbraucht werden. Ab September werden Spätkartoffeln geerntet, die man gut im Keller zum Überwintern lagern kann.

KARTOFFELPUFFER

Die Knollen werden roh auf einer Rohkostreibe geraspelt. Mit Ei gemischt backt man kleine Pfannkuchen in heißem Fett aus.

KROKETTEN

Festes Kartoffelpüree wird geformt, in Ei und Semmelbröseln gewendet und fritiert.

PELLKARTOFFELN

Das Garen in der Schale ist die nährstoffschonendste

Methode. Die Kartoffeln gründlich waschen und in wenig Wasser kochen. Noch schonender geht es im Dampfeinsatz.

RÖSTI

Fast gargekochte, ausgekühlte Pellkartoffeln werden geschält, auf einer Rohkostreibe grob geraspelt und in heißem Fett gebraten.

SALZKARTOFFELN

Kartoffeln erst kurz vor dem Garen schälen und in wenig leicht gesalzenem Wasser fest zugedeckt kochen – zuviel Wasser laugt wertvolle Nährstoffe aus.

SCHMALZ

Butter-, Schweine- oder Gänseschmalz eignet sich hervorragend zum Ausbacken bei hohen Temperaturen. Außerdem verfeinert es mit seinem typischen Geschmack das Gericht.

TORTILLA

Für das spanische Omelett werden halbgare Kartoffelscheiben in der Pfanne mit verquirlten Eiern übergossen und bei schwacher Hitze gegart, bis die Masse stockt. Dann wird die Tortilla mit einem Teller vorsichtig gewendet und von der anderen Seite fertiggegart. Oft sind noch Gemüsestücke untergemischt.

KOCHGERÄTE

Zahlreiche Kochgeräte sind bei der Zubereitung von Kartoffelgerichten eine Hilfe.

Kartoffelpresse

Ideal für die Herstellung von Kartoffelteig, da die Masse gleichmäßig fein wird.

Kartoffelstampfer

Weichgekochte Salzkartoffeln können damit im Topf zerdrückt werden. Gut geeignet für Kartoffelpüree.

Rohkostreibe

Ob feingerieben oder grob geraspelt – die Rohkostreibe ist für die Vearbeitung von Kartoffeln unentbehrlich.

Sparschäler

Damit lassen sich Kartoffeln dünn abschälen. Die Spitze am Schäler erleichtert das Entfernen von braunen Stellen oder Trieben.

MENÜVORSCHLÄGE

Unsere Kartoffelrezepte sind entweder als Vorspeise, Beilage, kleine Mahlzeit oder Dessert geeignet. Deshalb haben wir für jedes Gericht zwei passende »Begleiter« ausgesucht.

GROSSBRITANNIEN

ENGLISCHE PETERSILIEN-KARTOFFELN 6/7
Hauptgericht: Lammbraten
Dessert: Schokoladen-Terrine

———◆———

IRLAND

KARTOFFELPÜREE »COLCANNON« 8/9
Vorspeise: Geräucherter Lachs
Dessert: Whisky-Trifle

———◆———

SCHWEDEN

KARTOFFELSALAT MIT LACHS 10/11
Hauptgericht: Fleischbällchen
Dessert: Waffeln

———◆———

DÄNEMARK

BUNTE DÄNISCHE KARTOFFELHÄPPCHEN 12/13
Hauptgericht: Omelett mit Heringfüllung
Dessert: Rote Grütze

———◆———

DEUTSCHLAND

KARTOFFELPUFFER MIT APFELKOMPOTT 14/15
Vorspeise: Linseneintopf mit Speck
Dessert: Erdbeerquark

———◆———

SÄCHSISCHE QUARKKEULCHEN 16/17
Vorspeise: Rote-Bete-Salat
Hauptgericht: Zwiebelfleisch mit Sauerkraut

———◆———

POLEN

WARSCHAUER KARTOFFELRÖLLCHEN 18/19
Hauptgericht: Rinderbraten
Dessert: Mohnkuchen

———◆———

ÖSTERREICH

KÄRNTNER KASNUDELN 20/21
Vorspeise: Leberknödelsuppe
Dessert: Marillenkompott

———◆———

SCHWEIZ

BERNER RÖSTI 22/23
Hauptgericht: Zürcher Geschnetzeltes
Dessert: Schokoladen-Konfekt

———◆———

FRANKREICH

KARTOFFELN MIT SOUFFLÉ-FÜLLUNG 24/25
Hauptgericht: Hecht in Weinsauce
Dessert: Käse mit Trauben

———◆———

KARTOFFELGRATIN MIT SCHINKEN 26/27
Vorspeise: Hühnerconsommée
Dessert: Birnen in Rotwein

———◆———

SPANIEN

KARTOFFELN »PATATAS BRAVAS« 30/31
Hauptgericht: Hähnchen mit Sherry-Sauce
Dessert: Gekühlte Melonensuppe

———◆———

SPANISCHE GEMÜSE-TORTILLA 32/33
Vorspeise: Gemüsesuppe
Dessert: Katalanische Creme

— ◆ —

ITALIEN

RÖMISCHE KROKETTEN MIT KÄSEFÜLLUNG 34/35
Hauptgericht: Lammkotelett mit
grünen Bohnen
Dessert: Tiramisu

— ◆ —

KNUSPRIGE KRÄUTERKARTOFFELN 36/37
Hauptgericht: Kalbsschnitzel
Dessert: Zitronen-Limonen-
Creme

— ◆ —

GNOCCHI AUF PIEMONTESER ART 38/39
Vorspeise: Insalata Caprese
Dessert: Gefüllte Pfirsiche

— ◆ —

GRIECHENLAND

ZITRONEN-KNOBLAUCH-KARTOFFELN 40/41
Hauptgericht: Gegrillte
Rotbarben
Dessert: Eingelegte Feigen

— ◆ —

TÜRKEI

KARTOFFEL-AUBERGINEN-PFANNE 42/43
Vorspeise: Joghurt-Gurken-
Kaltschale
Dessert: Türkischer Honig und
Melonenspalten

— ◆ —

ISRAEL

ISRAELISCHE KARTOFFEL-GEMÜSE-SPIESSCHEN 44/45
Vorspeise: Kichererbsenpaste
mit Fladenbrot
Dessert: Orangen-Eisdessert

— ◆ —

INDIEN

INDISCHE CURRY-KARTOFFELN 46/47
Hauptgericht: Mariniertes
Grillhähnchen
Dessert: Mangocreme

— ◆ —

WÜRZIGE KARTOFFEL-KOKOS-SCHNECKEN 48/49
Hauptgericht: Hähnchen-Curry
mit Reis
Dessert: Kokos-Obstsalat mit
Zitroneneis

— ◆ —

AUSTRALIEN

KARTOFFEL-SCHINKEN-BURGER 52/53
Vorspeise: Hähnchensalat mit
Honig-Senf-Sauce
Dessert: Käsekuchen

— ◆ —

USA

GEBACKENE FÄCHERKARTOFFELN 54/55
Hauptgericht: T-bone-Steak
Dessert: Pfirsich-Cobbler

— ◆ —

MEXIKO

GEBRATENE KARTOFFELN MIT PAPRIKASCHOTEN 56/57
Vorspeise: Tacos mit Rote-
Bohnen-Dip
Hauptgericht: Mariniertes
Rinderfilet

— ◆ —

ECUADOR

KARTOFFELTALER »LLAPINGACHOS« 58/59
Hauptgericht: Schweinefleisch
an schwarzen Bohnen und Reis
Dessert: Kürbiskuchen

$\mathscr{R}$EZEPTREGISTER

Impressum

Bildnachweis
Alle Titel- und Rezeptfotos:
Meister Verlag/International Masters Publisher B.V.
Food Photography Eising, Dorothee Gödert, Peter Rees, Manuel Schnell
Agenturfotos:
Einleitung: Bavaria: Theißen, Seite 4/5, Mitte oben; The Image Bank:
Dennis, Seite 4/5, Mitte unten; Helga Lade: Thompson, Seite 4, oben
rechts; Tony Stone: Brown, Seite 5, oben links; Allison, Seite 4, unten links
Fotos zu den 'Typisch'-Abschnitten: Agrar Service: Cattlin, Seite 52;
AKG: Seite 32; Bavaria: Adam, Seite 21; Bav, Seite 49;
Images, Seite 46; Focus: Mayr, Seite 18; Schwarzbach, Seite 30;
Fotex: Arndt, Seite 13; Rose, Seite 16; IFA: Aberham, Seite 43;
Diaf, Seite 26; Heinzhoch, Seite 44; Nägele, Seite 24;
Rölle, Seite 58; Image Bank: Melford, Seite 54;
Dennis, Seite 56; Helga Lade: Binder, Seite 14; Else, Seite 22;
Look: Acquadro, Seite 10; Schapowalow: Atlantide, Seite 36, 38;
Fahn, Seite 34; Silvestris: Rainer, Seite 40;
Schneider & Will, Seite 8;